복음 택배

복음 택배

초판 1쇄 발행일 2025년 5월 20일

지은이 정희춘

발행인	김은호
편집인	주경훈
책임 편집	김영미
편집	황윤경, 고경옥, 최은혜, 김수민, 정민석
디자인	황예나
삽화	정희춘, 김수정
QR영상	정민주

발행처 도서출판 꿈미
등록 제2014-000035호(2014년 7월 18일)
주소 서울시 강동구 양재대로81길 39, 2층 2호
전화 070-4352-4143, 02-6413-4896
팩스 02-470-1397
홈페이지 http://www.coommi.org
쇼핑몰 http://www.coommimall.com
메일 book@coommimall.com
인스타그램 @coommi_books

ISBN 979-11-93465-72-1 03230

* 책값은 뒤표지에 있습니다.
* 이 책은 도서출판 꿈미에서 만든 것으로 저작권법의 보호를 받으며 무단 전재 및 복제를 금합니다.

도서출판 꿈미는 가정과 교회가 연합하여 다음세대를 일으키는 대안적 크리스천 교육기관인 사단법인 꿈이 있는 미래의 사역을 돕기 위해 월간지와 교재, 각종 도서를 출간합니다.

복음 택배

정희춘 지음

예수님을 처음 만나는 이들에게
다시 만나고 싶은 이들에게

추천사

주경훈 _ 오륜교회 담임목사

　택배를 기다릴 때의 설렘이 있습니다. 내가 주문한 물건이 오기까지 "어디쯤 왔을까?", "언제쯤 도착할까?" 수차례 핸드폰을 들여다본 경험이 한 번쯤 있을 겁니다. 그렇게 기다리던 택배를 받는 순간은 우리가 일상에서 누릴 수 있는, 작지만 확실한 행복입니다. 그런 의미일까요? 이 책의 저자는 복음을 '택배'에 비유합니다. 택배를 받을 때의 기쁨처럼, 복음은 언제나 우리의 일상을 설레게 합니다. 평범한 하루가 하나님으로 인해 특별한 시간으로 변화되기 때문입니다.

　이 책에는 저자가 일상에서 경험한 복음의 기쁨이 가득히 담겨 있습니다. 그 기쁨과 설렘이 『복음택배』를 통해 여러분에게도 전해지길 소망합니다. 저자가 일상에서 경험한 복음의 기쁨을 잠잠히 따라 읽다 보면 여러분의 얼굴에도 저절로 미소가 지어질 것입니다. 택배를 기다릴 때의 그 기분 좋은 설렘이 『복음택배』를 읽는 여러분에게도 가득하길 축복합니다.

황형택 _ 새은혜교회 담임목사

　'복음 택배'라는 말만 들어도 가슴이 싱그러움으로 채워집니다.
　이처럼 신선하게 복음을 전할 수 있다면, 그 열매는 분명 풍성할 것입니다.

예수 그리스도의 생명 되신 복음을 저자는 깊은 영성과 하나님께 받은 탁월한 달란트로 아름답게 엮어냈습니다. 쉽게 다가가면서도 결단코 가볍지 않은 복음의 능력이 이 책 안에 고스란히 담겨 있어 얼마나 감사한지요.

여러분은 복음을 전하고 싶으신가요? 『복음택배』를 통해 누군가의 마음에 생명의 복음을 전해보세요. 반드시 열매 맺는 은혜가 있을 것입니다.

이 책을 통해 저자의 영적 삶을 엿볼 수 있음에 감사하며, 그를 통해 하나님께서 이루실 놀라운 일들을 기대합니다.

김한성 _ 아신대 선교대학원 선교학 교수, 목사

『복음택배』는 참 신선합니다. 쉽고 편안한 글이지만, 가볍지 않고 마음속에 깊은 울림을 줍니다. 그림과 짧은 글로 구성된 이 묵상집은 잠시나마 우리를 영원의 시간으로 이끌어 줍니다.

힘겨운 일에 도전할 용기를 주고, 보이지 않던 것을 보게 하며, 미루던 일을 시작하게 합니다.

이 책은 잃은 영혼을 사랑하시는 예수님을 시원한 사이다처럼 잘 소개합니다. 우리는 잃은 양을 찾으시는 목자 예수님을 만나고, 제자를 부르시는 스승 예수님을 배울 수 있습니다.

『복음택배』의 일독을 권합니다.

김주연 _ 홍익대학교 미술대학장, 제1대 서울시 총괄 공공디자이너

성경을 처음 접하는 이들에게 '회개'는 낯설기만 합니다.

'복음', '구원' 같은 말도 어렴풋이 알 것 같지만, 막상 묻자니 왠지 부끄럽습니다.

예수님은 2,000년 전, 이 땅에 오셨습니다. 예수님의 행적을 기록한 복음서와 제자들의 활동을 담은 사도행전도 모두 오래된 이야기입니다. 그런데 그 성경 속 하나님을 지금 내 삶 속에서 만나려면 어떻게 해야 할지 어렵고 막막하기만 합니다. 이런 고민과 갈증 속에서, 『복음택배』는 지극히 친밀한 하나님을 전해줍니다.

사랑스러운 그림과 짧은 이야기들은 하나님이 어떤 분이신지를 알려줍니다. 그리고 지금 이 순간, 내가 있는 바로 그 자리에 복음은 배달됩니다.

내가 할 일은 단 하나, 그저 문을 열고, 택배를 받는 것뿐입니다.

양영자 _ 전 탁구 선수, 현 대한체육회 꿈나무 탁구 감독, 한국 WEC 국제선교회 선교사

『복음택배』를 통해 하나님을 만나고, 그 하나님께 반응하며 살아가는 것, 그보다 더 가치 있는 인생은 없을 것입니다. 하나님의 뜻은 예언자를 통해 귀로 들려오기도 하고, 선견자의 꿈이나 환상을 통해 눈으로 보이기도 했습니다. 진리는 변하지 않지만, 진리를 전하는 방식은 시대에 따라 다양한 모습으로 발전해 왔습니다.

『복음택배』는 많은 말 대신 시처럼 짧지만 깊은 뜻을 담은 글과 따뜻한 그림으로 독자를 찾아갑니다. 그 메시지는 거리에서 외쳐대

는 요란한 소리가 아니라 주님이 제자들과 식사하며 들려 주시던 조용한 이야기처럼 다가옵니다. 마치 카페에서 친구와 마주 앉아 차를 마시며 조곤조곤 나누는 이야기처럼, 이 책은 독자에게 편안하고 친밀하게 다가갑니다.

종교개혁자들이 인쇄를 통해 말씀을 활자로 전파했던 것처럼, 『복음택배』도 아름다운 그림과 힘 있는 글로 오늘날 갈급한 영혼들에게 하나님의 마음을 온전히 전하기를 기도합니다.

현승원 _ 디쉐어 의장

『복음택배』는 오늘을 살고 있는 우리에게 하나님의 마음이 담긴 메시지를 강력하게 전달합니다. 바쁘고 분주한 일상 속에서도, 잠깐의 여유 시간에 우리는 이 책을 통해 하나님의 마음이 어디를 향하고 있는지를 발견할 수 있습니다.

짧은 글로 구성된 이 묵상집은 언제 어디서나 부담 없이 펼쳐볼 수 있어, 하나님과의 만남을 더욱 가깝고 자연스럽게 이끌어 줍니다. 미팅 전, 친구를 만나기 전, 혹은 중요한 일을 앞두고 『복음택배』를 잠시 읽고 기도한다면, 우리는 그 순간에도 하나님이 어떤 분이신지를 새롭게 깨닫고 위로와 깊은 평안을 경험하게 될 것입니다.

일상의 작은 에피소드들이 담긴 이 책을 통해 하나님의 사랑과 우리의 정체성을 깊이 묵상하며, 더 친밀한 하나님과의 동행을 누리시길 소망합니다.

프롤로그

『복음택배』는 배달 라이더처럼 빠르고 편안하게 다가가 우리의 마음 문을 두드리며, 복음이라는 기쁜 소식을 배달합니다. 일상 속 작은 에피소드를 따뜻한 그림과 짧은 글로 담아 누구나 부담 없이 접할 수 있는 그림 묵상집인 『복음택배』는 하나님의 사랑과 우리의 정체성을 깨닫도록 도와줄 것입니다. 이 책을 통해 여러분도 잃어버린 한 마리 어린 양을 찾아 나서는 여정에 함께하시길 바랍니다.

『복음택배』는 예수님이 문을 두드리시는 것처럼(계 3:20), 굳게 닫힌 우리의 마음 문을 두드립니다. 때로는 하나님이 누구이신지, 우리가 어떤 존재인지 일깨워주고, 일상 속에서 우리에게 말씀하시는 하나님의 사랑을 전하며, 믿음의 자녀로서 어떻게 살아가야 하는지 고민할 기회를 제공합니다. 믿지 않는 비신도들에게 부담 없이 다가갈 수 있는 책이며, 초신자나 평신도들에게 잔잔한 신앙적 감동과 깨달음을 선사합니다. 때로는 '아하!' 하는 순간을 경험하게 하고, 흐뭇한 미소를 짓게 만들기도 합니다.

각 에피소드 마다 QR 영상이 포함되어 있어 생동감 있게 묵상할 수 있으며, 우리의 믿음을 점검하는 데 도움을 줄 것입니다. 빠르게 전달되는 메시지에 익숙한 현대의 독자들에게도 일러스트와 감동적인 글을 통해 친근하고 흥미롭게 다가가며, 신앙을 깊이 있는 방식으로 경험할 수 있도록 도와줄 것입니다.

『복음택배』가 하나님의 사랑을 전하는 귀한 도구가 되어, 많은 이들의 마음 문을 두드리고 복음의 기쁨을 나누는 역할을 하길 기도합니다. 믿지 않는 이들에게도 따뜻하고 편안하게 다가가, 성령의 역사하심을 경험하며 하나님의 품으로 돌아오는 길을 찾을 수 있기를 바랍니다.

2025년 5월 복음의 길목에서
정희춘

차례

04   추천사
08   프롤로그

제1부
잃어버린 양

- 16 빛과 어두움
- 18 STAFF ONLY
- 20 주의 편
- 22 그릇됨 VS 그릇 됨
- 24 휴무? 무휴!
- 26 안 보고 믿기
- 28 복음 전하기
- 30 하나님의 품
- 32 문을 두드리노니
- 34 외식(Eat out)하는 자 VS 외식(Show off)하는 자
- 36 청년의 때
- 38 로프를 끊어낸 사랑
- 40 섬김
- 42 장로, 권사, 집사
- 44 신앙 고정핀
- 46 달란트
- 48 굴레
- 50 말로 기도하는 자 VS 기도로 말하는 자
- 52 깨뜨리라
- 54 하나님과의 대화법
- 56 선택
- 58 소확행? 주확행!
- 60 워라밸? 주라밸!
- 62 흠 없는
- 64 크리스천이 말하는 법
- 66 꼴값 VS 꼴 값
- 68 '육' 쌓기, '영' 펼치기
- 70 크리스천의 3전3기
- 72 기도는
- 74 하나님의 선물
- 76 153 〈 1
- 78 사망의 법 〈 성령의 법
- 80 39 + 27 = 1

제2부
선한 목자

- 84 건지심
- 86 나를 재는 줄자
- 88 채움과 비움
- 90 우리의 본분
- 92 내 안에 있는 부족함
- 94 고난을 감사로 받는 사람들
- 96 치유 잠재력
- 98 그때 내가 있었다면
- 100 육생사, 영생생
- 102 내가 있는 곳
- 104 점, 선, 면
- 106 선교사와 선교지
- 108 MK
- 110 주섬, 주섬
- 112 주 6일 = 주일 × 6
- 114 감당할 수 있는 시험
- 116 희망 낙서와 고난 지우개
- 118 영적 거울
- 120 미션 임파서블
- 122 품
- 124 공감
- 126 호흡
- 128 눈물의 유통기한
- 130 하얀 비둘기의 몸짓
- 132 나의 삶
- 134 모태 신앙 VS 못해 신앙
- 136 보이는 신호, 들리는 신호
- 138 최대공약수, 최소공배수
- 140 80억 개 심장
- 142 신앙과 자전거
- 144 나의 영적 속도
- 146 가라 세상으로
- 148 세상을 그리다

부록편
슬기로운 교회생활

152	Episode-1. 성경 구절 찾기
153	Episode-2. 교회 처음이세요?
154	Episode-3. 찬양할 때 손드는 높이
155	Episode-4. 쉼 없는 울림
156	Episode-5. 간증의 은혜
157	Episode-6. 선데이 크리스천
158	Episode-7. 천국에 가려면?
159	Episode-8. 뜨거운 신앙
160	Episode-9. 영적 분별력
161	Episode-10. 아멘!
162	Episode-11. 헌금은 얼마?

주님 만나

---

① 주님 '만나' | 주님 죄인인 저를 '만나' 주셔서 감사해요.
② '주님' 만나 | 생명 주신 '주님'을 만나 의지하며 살게요.
③ '주님만' 나 | 오직 '주님만' 나를 사랑하신다는 걸 알아요.
④ 주님 '만나' | 주님! 육의 양식 '만나'를 풍족하게 내려 주시고, 영적인 양식 '만나' 또한 충만케 부어 주세요.
⑤ '주님 만나' | 힘든 오늘 모든 것 내려놓고 '주님 만나'고 싶어요.
⑥ '주'님 만나 | 나의 '주'님을 만나는 것은 축복이에요.

제1부
잃어버린 양

여호와의 인자하심은
자기를 경외하는 자에게
영원부터 영원까지 이르며
그의 의는 자손의 자손에게 이르리니

시편 103:17

빛과 어두움

빛을 등지면
내 안에
어두움이 생긴다.

어두움을 등지면
내 안에
빛이 스며든다.

너희가 전에는 어둠이더니 이제는 주 안에서 빛이라

빛의 자녀들처럼 행하라

—

에베소서 5:8

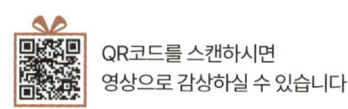

QR코드를 스캔하시면
영상으로 감상하실 수 있습니다

STAFF ONLY

카페에서 본 직원 전용 룸의 출입문에
손님은 들어가지 못하도록
이렇게 쓰여 있다.

'STAFF ONLY'

천국 문에도 이렇게 쓰여 있는 것은 아닐까?

오직 하나님 나라를 위해 일하는
하나님의 스태프가 되어야
천국 문으로 들어갈 수 있고
하나님을 주인으로 모시는 삶을 살 수 있다.

우리가 하나님과 함께 일하는 자로서 너희를 권하노니

하나님의 은혜를 헛되이 받지 말라

—

고린도후서 6:1

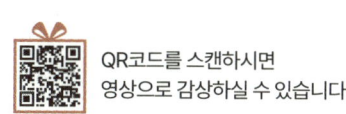

QR코드를 스캔하시면
영상으로 감상하실 수 있습니다

주의 편

성경에는 두 아들의 어머니가
그 아들들을 데리고 예수께 와서 절하며
'나의 이 두 아들을 주의 나라에서
하나는 주의 우편에,
하나는 주의 좌편에 앉게 명하소서'
라는 말씀이 있다.

우리는
주의 우편, 주의 좌편이 아니라
십자가를 함께 지는
주의 편이 되자!

너희가 과연 내 잔을 마시려니와 내 좌우편에 앉는 것은

내가 주는 것이 아니라 내 아버지께서 누구를 위하여

예비하셨든지 그들이 얻을 것이니라

―

마태복음 20:23

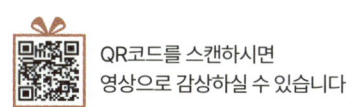

QR코드를 스캔하시면
영상으로 감상하실 수 있습니다

그릇됨 VS 그릇 됨

세속적이고 타락한 삶을 사는 것만이
'그릇된' 삶일까?

나쁜 일을 하지 않고, 교회에 다니면
괜찮은 삶이라고 말할 수 있을까?

하지만
하나님을 깊이 알지 못하는 삶을 산다면
하나님은 마음 아파하신다.

하나님 안에서 귀히 쓰이는
'그릇' 되는 삶은 어떨까?

그러므로 누구든지

이런 것에서 자기를 깨끗하게 하면

귀히 쓰는 그릇이 되어 거룩하고 주인의 쓰심에 합당하며

모든 선한 일에 준비함이 되리라

―

디모데후서 2:21

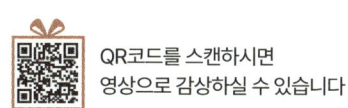

휴무? 무휴!

운전 중 룸미러를 통해
뒤에 오는 '휴무' 택시를 보았다.

룸미러에 비친 글자는
'무휴'로 보였다.

무휴…….
주님은 단 한순간의 쉼도 없이
우리를 위해 일하고 계신다.

우리의 휴무(休務)는 주님의 무휴(無休) 덕분이고,
우리의 영생은 주님의 보혈 덕분이다.

그가 찔림은 우리의 허물 때문이요

그가 상함은 우리의 죄악 때문이라

그가 징계를 받음으로 우리는 평화를 누리고

그가 채찍에 맞음으로 우리는 나음을 받았도다

―

이사야 53:5

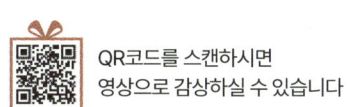

QR코드를 스캔하시면
영상으로 감상하실 수 있습니다

안 보고 믿기

저 뒤에
하나님이 있다고 믿으세요?

아니요, 보이지 않아서
믿기 어렵네요.

벽에 손을 대어 보세요.

이제 느껴지세요?
우리가 하나님을 느낄 수 있도록
우리 안에 성령님이
항상 함께하고 계세요.

◇◇◇

예수께서 이르시되 너는 나를 본 고로 믿느냐

보지 못하고 믿는 자들은 복되도다 하시니라

—

요한복음 20:29

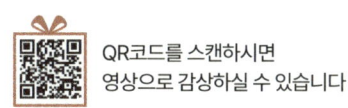

QR코드를 스캔하시면
영상으로 감상하실 수 있습니다

복음 전하기

 복음이 무거워서
전하기 어려운가요?

 내려놓고 가볍게 굴려 보세요.
성령께서 함께하십니다.

오직 성령이 너희에게 임하시면 너희가 권능을 받고

예루살렘과 온 유대와 사마리아와 땅 끝까지 이르러

내 증인이 되리라 하시니라

—

사도행전 1:8

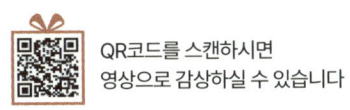

QR코드를 스캔하시면
영상으로 감상하실 수 있습니다

하나님의 품

삶은
하나님의 품 안에서
누릴 수 있다.

오늘도
하나님은 눈물 흘리시며
우리 영혼을 구하고 계신다.

더 멀어지기 전에,
더 떠내려가기 전에,
아버지 곁으로 돌아와야 한다.

◇◇◇

높음이나 깊음이나 다른 어떤 피조물이라도

우리를 우리 주 그리스도 예수 안에 있는

하나님의 사랑에서 끊을 수 없으리라

—

로마서 8:39

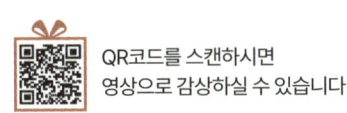

QR코드를 스캔하시면
영상으로 감상하실 수 있습니다

문을 두드리노니

문을 두드리시면서
주님이 부르셔도

우리는
소리 없이 서 있는
죄의 문을 연다.

우리는
잠시도 죄의 유혹에서
벗어나지 못하고
죄에 빠진다.

주님의 부르심과 죄의 유혹은
단 한 걸음 차이다.

◇◇◇

볼지어다 내가 문밖에 서서 두드리노니

누구든지 내 음성을 듣고 문을 열면

내가 그에게로 들어가 그와 더불어 먹고

그는 나와 더불어 먹으리라

—

요한계시록 3:20

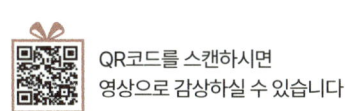

QR코드를 스캔하시면
영상으로 감상하실 수 있습니다

외식(Eat out)하는 자 VS 외식(Show off)하는 자

요즘 시대에는
어떤 사람을
외식(Show off)하는
자라고 할까?

SNS를 통해
남에게 보이기 위해
외식(Eat out)하는
사람들은 없는지…….

성경에서는
거리에서 크게 드러내며
기도하는 사람을
외식(Show off)하는 자라고 한다.

남에게 보이기 위해
자신을 의도적으로 드러내고
신앙이 깊어 보이도록
자랑하는 외식(Show off)을 경계하자.

◇◇◇

또 너희는 기도할 때에 외식하는 자와 같이 하지 말라

그들은 사람에게 보이려고

회당과 큰 거리 어귀에 서서 기도하기를 좋아하느니라

내가 진실로 너희에게 이르노니 그들은 자기 상을 이미 받았느니라

—

마태복음 6:5

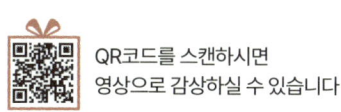

QR코드를 스캔하시면
영상으로 감상하실 수 있습니다

청년의 때

청년의 때에

값진 물건들을 '플렉스(Flex)' 하지 말고

값진 생명을 주신

주님을 '플렉스' 하면 어떨까?

그의 거룩한 이름을 자랑하라

여호와를 구하는 자들은 마음이 즐거울지로다

―

시편 105:3

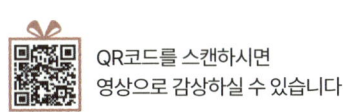
QR코드를 스캔하시면
영상으로 감상하실 수 있습니다

로프를 끊어낸 사랑

반복되는 일과처럼
주일이 되면 교회에 가고

문득 떠오르는 명언이나
사자성어처럼

가끔 말씀 한 구절 외워 보며
그렇게 예수님을 믿는 건 아닌지…….

예수님은 벼랑 아래
로프 하나에 우리와 함께 매달리셨고,
자신의 로프를 끊어내는 사랑으로
우리를 살리셨음을 기억하자.

우리가 아직 죄인 되었을 때에

그리스도께서 우리를 위하여 죽으심으로

하나님께서 우리에 대한 자기의 사랑을 확증하셨느니라

—

로마서 5:8

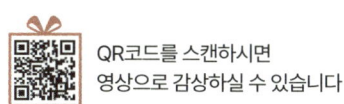

QR코드를 스캔하시면
영상으로 감상하실 수 있습니다

섬김

섬김의 마음은
아주 낮은 곳에 있어서
분주한 삶의 속도로는
찾아낼 수 없다.

때로는 너무도 깊은 곳에 있어서
일부러 엎드리지 않으면
느낄 수도 없다.

결국 섬김은
타인을 위해 심는 씨앗과 같아서
내 안이 '나'로 가득하다면
절대 자랄 수 없다.

둘째는 이것이니

네 이웃을 네 자신과 같이 사랑하라 하신 것이라

이보다 더 큰 계명이 없느니라

―

마가복음 12:31

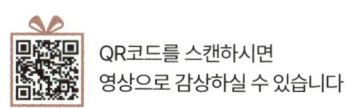

QR코드를 스캔하시면
영상으로 감상하실 수 있습니다

장로, 권사, 집사

직분은
더 높은 권위를 받는 것이 아니라
더 높은 사명을 가지는 것이고

더 많은 자리를 맡는 것이 아니라
더 많은 헌신의 걸음을 걷는 것이다.

더 깊은 교만에 빠지는 것이 아니라
더 깊은 묵상과 기도에 젖어 드는 것이고

더 자주 자신을 가꾸는 것이 아니라
더 자주 자신을 돌아보는 것이다.

직분을 받는다는 것은
더 많이 나를 채찍질해야 하는 것이다.

그가 어떤 사람은 사도로, 어떤 사람은 선지자로,

어떤 사람은 복음 전하는 자로, 어떤 사람은 목사와 교사로 삼으셨으니

이는 성도를 온전하게 하여 봉사의 일을 하게 하며

그리스도의 몸을 세우려 하심이라

―

에베소서 4:11-12

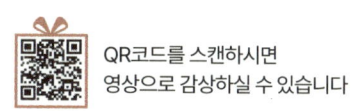

QR코드를 스캔하시면
영상으로 감상하실 수 있습니다

신앙 고정핀

키가 자라듯
믿음이 성장해도
자라난 높이만큼
저절로 유지되지는 않는다.

원점으로 되돌아가거나
바닥으로 곤두박질치지 않도록

저장해 둔 은혜를
유지시켜 주는
신앙 고정핀은 없을까?

다만 너희에게 있는 것을 내가 올 때까지 굳게 잡으라

이기는 자와 끝까지 내 일을 지키는 그에게

만국을 다스리는 권세를 주리니

―

요한계시록 2:25-26

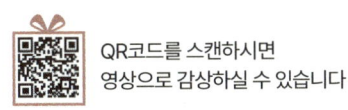

QR코드를 스캔하시면
영상으로 감상하실 수 있습니다

달란트

당신은
하나님이 주신 달란트를
누구를 위해 사용하나요?

나의 안위만을 위해 이기적으로
사용하고 있지는 않나요?

내 형제들아 만일 사람이 믿음이 있노라 하고

행함이 없으면 무슨 유익이 있으리요

그 믿음이 능히 자기를 구원하겠느냐

—

야고보서 2:14

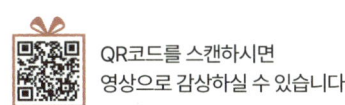

QR코드를 스캔하시면
영상으로 감상하실 수 있습니다

굴레

'굴레'에는 여러 가지 뜻이 있다.
하나는 말이나 소를 부리기 위해
머리와 목에 고삐를 얽어매는 줄을 말한다.

또 하나는 조선 시대에
어린아이에게 특별한 날 씌워 주던,
구슬과 금 자수로 장식한 비단 모자를 말한다.

예수님에게 씌운 굴레는
아픔과 고통으로 조여 오는
십자가 굴레였지만
그것은 하나님이 아들에게 주신
의의 면류관이기도 했다.

우리에게 씌운 굴레는
속박이 아니라 생명이며,
우리를 자녀 삼아 주시고 영화롭게 하는
면류관이다.

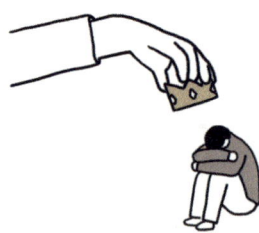

너희에게 아버지가 되고 너희는 내게 자녀가 되리라

전능하신 주의 말씀이니라 하셨느니라

—

고린도후서 6:18

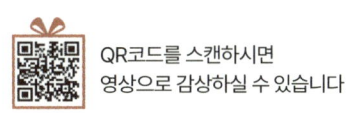

QR코드를 스캔하시면
영상으로 감상하실 수 있습니다

말로 기도하는 자 VS 기도로 말하는 자

우리는 주변 사람들에게
'기도할게요.'라는 말을 자주 하지만,
어쩌면 입버릇처럼
말뿐인 것은 아닌지…….

기도 부탁을 받거나
기도하겠다는 마음을 전달했다면
반드시 상대방을 위해
간절히 기도해야 한다.

이처럼
'말로만 기도하는 자'가 아니라,
아픔을 겪고 있는 분들을 위해
간절함으로 중보하는
'기도로 말하는 자'가 되어야 한다.

너는 기도할 때에 네 골방에 들어가 문을 닫고

은밀한 중에 계신 네 아버지께 기도하라

은밀한 중에 보시는 네 아버지께서 갚으시리라

―

마태복음 6:6

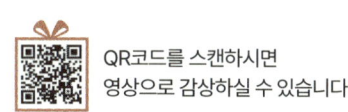

QR코드를 스캔하시면
영상으로 감상하실 수 있습니다

깨뜨리라

"무얼 하고 있니?"
"깨뜨리고 있어요."

"깨뜨리는 건 무엇이니?"

"엄청 크죠? 저의 집이에요!
제 고집과 아집이요!"

주의 손이 나를 만들고 세우셨사오니

내가 깨달아 주의 계명들을 배우게 하소서

―

시편 119:73

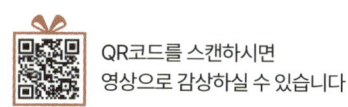

QR코드를 스캔하시면
영상으로 감상하실 수 있습니다

하나님과의 대화법

우리의 모든 질문에
하나님은 이미 성경책에
모든 대답을 써 놓으셨다.

말씀을 읽는 것은
하나님의 대답을 듣는 것이고
곧 하나님과 대화하는 것이다.

하나님께 속한 자는 하나님의 말씀을 듣나니

너희가 듣지 아니함은 하나님께 속하지 아니하였음이로다

—

요한복음 8:47

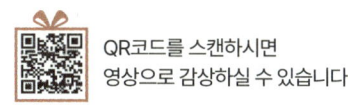

QR코드를 스캔하시면
영상으로 감상하실 수 있습니다

선 택

낙망하여 도저히 일어설 수 없는
고난의 시간이 올 때가 있다.

후회와 좌절의 '눈물'을 선택할지,
전진과 도전의 '땀'을 선택할지는
우리의 몫이다.

환난에 맞서
기도하며 달려 나갈 때
우리에게 진정한 소망이 있음을 믿는다.

푯대를 향하여 그리스도 예수 안에서

하나님이 위에서 부르신 부름의 상을 위하여 달려가노라

—

빌립보서 3:14

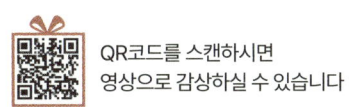

QR코드를 스캔하시면
영상으로 감상하실 수 있습니다

소확행? 주확행!

소확행

소소하지만 확실한 행복

주확행

주님만이 확실한 행복

◇◇◇

주 여호와여 주는 나의 소망이시요

내가 어릴 때부터 신뢰한 이시라

—

시편 71:5

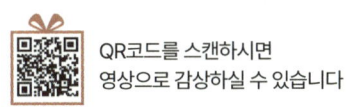

QR코드를 스캔하시면
영상으로 감상하실 수 있습니다

워라밸? 주라밸!

워라밸

일과 삶의 균형

주라밸

주님과 함께하는 삶의 균형

주 안에서 항상 기뻐하라

내가 다시 말하노니 기뻐하라

—

빌립보서 4:4

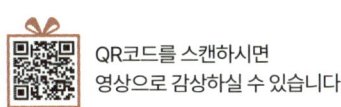

QR코드를 스캔하시면
영상으로 감상하실 수 있습니다

흠 없는

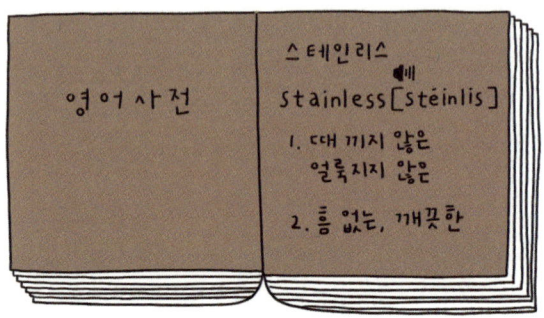

Stainless:
때 끼지 않은, 흠 없는, 깨끗한

흠 없고 깨끗한 것이 존재하네?
난 예수님밖에 안 계신 줄 알았는데!

오직 흠 없고 점 없는 어린 양 같은

그리스도의 보배로운 피로 된 것이니라

—

베드로전서 1:19

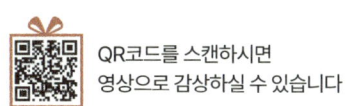

QR코드를 스캔하시면
영상으로 감상하실 수 있습니다

크리스천이 말하는 법

우리는 때때로 타인에게
지나친 자랑을 하기도 하고
상처를 주기도 한다.

우리는 성령으로 감동되어
진실만을 말해야 하며

그것이
내 믿음의 표현이 될 수 있도록
지혜롭게 조절해야 하고

상대방의 입장과 마음을 고려해서
적절한 양으로
잘 표현해야 한다.

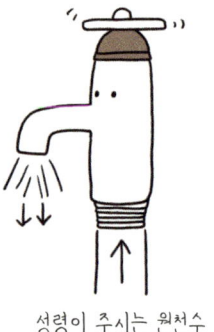

성령이 주시는 원천수

여호와의 영이 나를 통하여 말씀하심이여

그의 말씀이 내 혀에 있도다

—

사무엘하 23:2

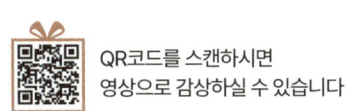

QR코드를 스캔하시면
영상으로 감상하실 수 있습니다

꼴값 VS 꼴 값

찬송가 〈주는 나를 기르시는 목자〉 가사에는
'철을 따라 꼴을 먹여주시니
내게 부족함 전혀 없어라.'라는
가사가 있다.

'꼴'은 가축에게 먹이는 풀이다.
주님은 항상 우리를 먹이시고 지키신다.

그런데 '꼴'이라는 단어에
'값'이란 글자가 붙으면
그 뜻이 전혀 달라진다.

'꼴값'은 얼굴값을 속되게 이르거나,
격에 맞지 않는, 눈에 거슬리는 행동을 말한다.

우리의 삶은 '꼴값'의 모습이 아니라
믿는 자로서 격에 맞는 행동으로
주님께 받은 그 '꼴'에 대한 은혜의 '값'을
조금이나마 갚는 믿음의 어린 양이 되어야 한다.

내가 문이니 누구든지 나로 말미암아 들어가면

구원을 받고 또는 들어가며 나오며 꼴을 얻으리라

—

요한복음 10:9

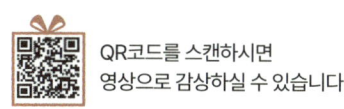
QR코드를 스캔하시면
영상으로 감상하실 수 있습니다

'육' 쌓기, '영' 펼치기

이 세상의 부와 성공,
육신의 즐거움만으로
내 삶을 쌓아간다면

위태로워요.

하나님 말씀 따라
영적으로 나누고 전하는
삶을 펼쳐 나간다면

편안해져요.

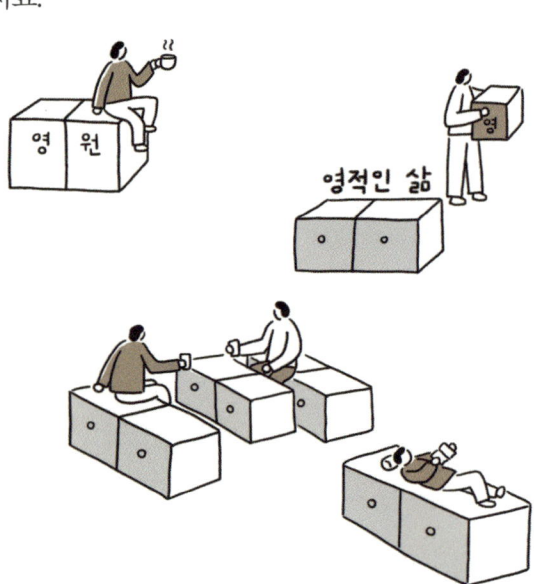

네가 이 세대에서 부한 자들을 명하여 마음을 높이지 말고

정함이 없는 재물에 소망을 두지 말고

오직 우리에게 모든 것을 후히 주사 누리게 하시는 하나님께 두며

—

디모데전서 6:17

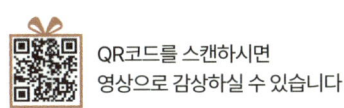

QR코드를 스캔하시면
영상으로 감상하실 수 있습니다

크리스천의 3전 3기

첫 수익을 사용하기 **전** 먼저 드리기

걱정하고 근심하기 **전** 먼저 믿기

없는 것 불평하기 **전** 먼저 감사하기

기대함으로

기도하고

기다리기

겸손과 여호와를 경외함의 보상은 재물과 영광과 생명이니라

—

잠언 22:4

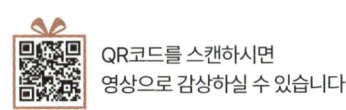

QR코드를 스캔하시면
영상으로 감상하실 수 있습니다

기도는

쉽지만 어렵고
알지만 안 되는
귀차니즘?
영적 게으름!

기도는
하루를 여는 열쇠

기도는
하루를 닫는 자물쇠

기도하는 하루하루
영적 습관으로
주님과 함께하세요.

다니엘이 이 조서에 왕의 도장이 찍힌 것을 알고도

자기 집에 돌아가서는 윗방에 올라가 예루살렘으로 향한 창문을 열고

전에 하던 대로 하루 세 번씩 무릎을 꿇고 기도하며

그의 하나님께 감사하였더라

다니엘 6:10

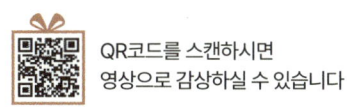

QR코드를 스캔하시면
영상으로 감상하실 수 있습니다

하나님의 선물

[문제] 다음 중 하나님의 선물은 몇 번 상자에 있을까요?

(2개를 골라 보세요.)

정답은 9번, 1번입니다. '구원'

너희는 그 은혜에 의하여 믿음으로 말미암아 구원을 받았으니

이것은 너희에게서 난 것이 아니요 하나님의 선물이라

—

에베소서 2:8

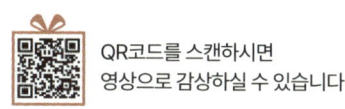

QR코드를 스캔하시면
영상으로 감상하실 수 있습니다

153 < 1

베드로와 제자들은
어렵게 잡은
153마리의 물고기를 버려두고

사람을 낚는 어부가 되기 위해
한 분 예수님을 따라갔다.

예수께서 이르시되 나를 따라오라

내가 너희로 사람을 낚는 어부가 되게 하리라 하시니

곧 그물을 버려두고 따르니라

—

마가복음 1:17-18

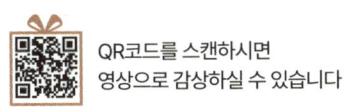

QR코드를 스캔하시면
영상으로 감상하실 수 있습니다

사망의 법 < 성령의 법

육신으로 말미암아 행하는 죄와 사망의 법을
영을 따르는 생명의 성령의 법이 해방시킨다.

육신의 정욕
안목의 정욕
이생의 자랑

세상 모든 육신의 쾌락을 멀리하고
말씀과 기도로
그리스도 안에서 살아가는 것이
영생을 위한 삶이다

◇◇◇

육신을 따르지 않고 그 영을 따라 행하는 우리에게

율법의 요구가 이루어지게 하려 하심이니라

—

로마서 8:4

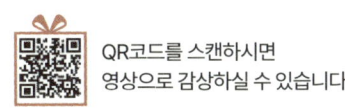

QR코드를 스캔하시면
영상으로 감상하실 수 있습니다

39 + 27 = 1

아버지가 이 세상에 아들을 보낼 것이라는 이야기
39권의 구약 성경
아버지의 보냄을 받아 이 세상에 온 아들의 이야기
27권의 신약 성경

오실 예수님의 이야기와
오신 예수님의 이야기

이 구약 39권과 신약 27권이 합쳐져 1권의 성경이 된다.
39 + 27 = 1 (암기 팁 3 x 9 = 27)

◇◇◇

모든 성경은 하나님의 감동으로 된 것으로

교훈과 책망과 바르게 함과 의로 교육하기에 유익하니

이는 하나님의 사람으로 온전하게 하며

모든 선한 일을 행할 능력을 갖추게 하려 함이라

—

디모데후서 3:16-17

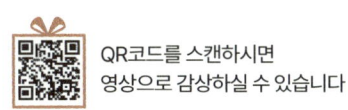
QR코드를 스캔하시면
영상으로 감상하실 수 있습니다

크리스천의 12가지 성품

① 깨어지기 | 세상적인 생각, 습관, 고집, 강퍅(剛愎)함에서 벗어남.
② 흡수되기 | 신앙 공동체 안에 말씀과 예배와 기도의 삶으로 젖어듦.
③ 낮아지기 | 겸손과 섬김의 마음으로 주님의 성품을 닮아감.
④ 거듭나기 | 믿음으로 말미암아 이생의 자랑, 육신과 안목의 정욕을 버림.
⑤ 채워지기 | 내 안을 하나님의 말씀과 주님의 사랑으로 가득 채움.
⑥ 흘려지기 | 내가 받은 축복과 은혜를 쌓아두지 않고 주변으로 흘려보냄.
⑦ 함께하기 | 소외되고 연약한 계층의 사람들을 돌보고 아픔을 같이함.
⑧ 하나되기 | 믿음 안에서 모든 지체들과 복음을 위한 하나의 목적으로 합력함.
⑨ 빛발하기 | 선한 영향력으로 주님의 영광을 삶 속에서 드러냄.
⑩ 녹아들기 | 예수님의 제자 된 삶으로 나를 훈련함.
⑪ 펼쳐지기 | 예수님의 선교 명령을 나의 비전과 사명의 삶으로 실천함.
⑫ 이어지기 | 나를 통해 하나님 나라와 그리스도 구원의 복음이 땅끝까지 전파되고 이 세상 모든 사람들과 연결됨.

제2부
선한 목자

이러므로 그들의 열매로 그들을 알리라

마태복음 7:20

건지심

인간을 창조하신
하나님은 죄가 없으시다.
선악과는 우리가 따 먹었으니까.

십자가를 지신
예수님도 죄가 없으시다.
죄는 우리의 몫이니까.

그렇다면
수없이 많은 죄를 지은 우리는?

예수님의 십자가 대속으로
건짐 받았다.

하나님이 세상을 이처럼 사랑하사 독생자를 주셨으니

이는 그를 믿는 자마다 멸망하지 않고 영생을 얻게 하려 하심이라

—

요한복음 3:16

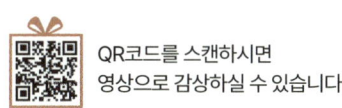

QR코드를 스캔하시면
영상으로 감상하실 수 있습니다

나를 재는 줄자

사람들은
저마다 가진 줄자로 서로의 조건을 잰다.
외모를, 학벌을, 집안을, 그리고 배경을 잰다.

한 줄 한 줄 기록에 밀려
출발선 한참 뒤에서 뛰어야 하는
세상의 출발점은
애초부터 공정하지 못했다.

그러나 주님의 방식은 다르다.
내 능력에 맞는 눈금자로
한 눈금 한 눈금 성장의 길이를 재신다.

눈물의 시간은 더하시고
땀의 무게를 곱해 주시고
연약함엔 가산점을 주신다.

주님 앞에서 나는
누구와도 비교되지 않는
최고의 눈금을 기록한다.

그가 땅을 심판하러 임하실 것임이로다

그가 의로 세계를 판단하시며 공평으로 그의 백성을 심판하시리로다

―

시편 98:9

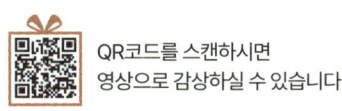

QR코드를 스캔하시면
영상으로 감상하실 수 있습니다

채움과 비움

옆구리에
여러 개의 구멍을 뚫었다.
그랬더니
여러 개의 생명이 자라났다.

언제부턴가
채워지는 만족보다
나누는 기쁨이 더 커졌다.

하나님께서 채우시고
나는 비우는데
채우심의 능력이 더 크기에
두려움 없이 흘려보낸다.

나를 통해 먹이시는 영혼들을
하나님이 더 사랑하시기에
나는 마르지 않는 축복의 통로가 된다.

네가 밭에서 곡식을 벨 때에 그 한 뭇을 밭에 잊어버렸거든

다시 가서 가져오지 말고 나그네와 고아와 과부를 위하여 남겨두라

그리하면 네 하나님 여호와께서 네 손으로 하는 모든 일에 복을 내리시리라

신명기 24:19

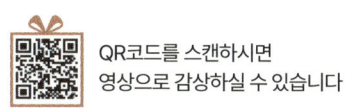

우리의 본분

청소 영역을 설정하고 시작 버튼을 누르면
'청소를 시작합니다.' 하며 출발해야 하는데…….

'에러 코드'가 뜬 로봇 청소기가
충전 홈으로 자꾸 복귀한다.

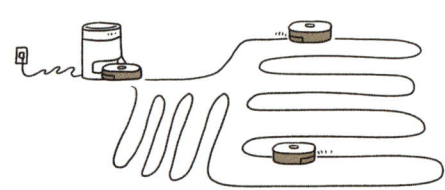

로봇 청소기의 본분이
충전이 아니듯

우리의 본분 또한
교회에서의 은혜 충만이 아니다.

예배로 받은 은혜를
삶의 현장에서 흘려보내고
복음을 전하는 것이 우리의 본분이다.

나의 삶 속에서
'전도를 시작합니다.'라고 외치고
교회를 나서는 성도 되기를 다짐해 본다.

◇◇◇

내가 복음을 위하여 모든 것을 행함은 복음에 참여하고자 함이라

—

고린도전서 9:23

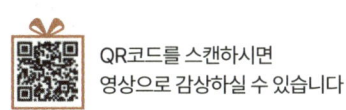
QR코드를 스캔하시면
영상으로 감상하실 수 있습니다

내 안에 있는 부족함

교회를 오래 다녀도

내 안엔
겸손보다 교만이
사랑보다 미움이
진실보다 거짓이
감사보다 불평이
믿음보다 불신이
선함보다 악함이 더 크다.

그러나
내가 가진 모든 부족함보다
이런 나를 향하신

주님의 사랑이 더 크다.

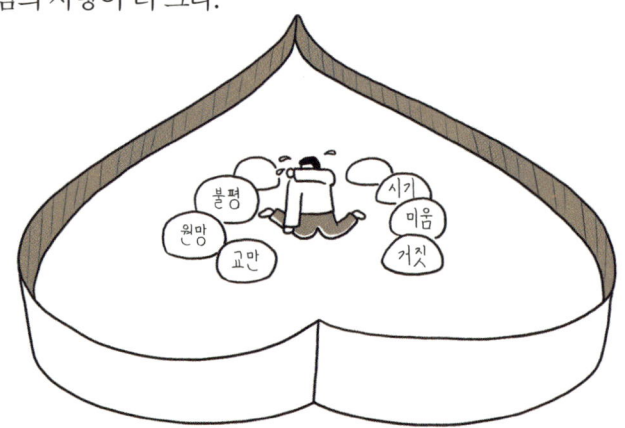

주께서 사랑하시는 자를 건지시기 위하여

주의 오른손으로 구원하시고 응답하소서

—

시편 60:5

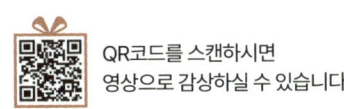

QR코드를 스캔하시면
영상으로 감상하실 수 있습니다

고난을 감사로 받는 사람들

많은 사람들의 간증을 듣는다.

그들은 튼실하고 견고한
한 그루의 나무 같다.
한 잎 한 잎 무성한 잎들은
지나온 상처들을 적어 놓은
메모 같았다.

그들은
상처를 말하지 않고 치유를 이야기한다.

여유로운 미소와 넘치는 기쁨으로
아직도 하늘을 향해 자라고 있다.
끝없이 오를 수 있는 드높은 하늘로······.

◇◇◇

또 너희가 내 이름으로 말미암아 모든 사람에게 미움을 받을 것이나

끝까지 견디는 자는 구원을 얻으리라

—

마태복음 10:22

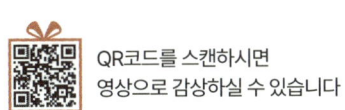
QR코드를 스캔하시면
영상으로 감상하실 수 있습니다

치유 잠재력

부족할 땐
더 갖기를 바라는 욕심을 내려놓는다.

잘하는 것이 없을 땐
남들과 비교하는 마음을 내려놓는다.

행복하지 않을 땐
감사의 이유를 적어 나간다.

시련이 내 모든 삶을 지배하고
살아왔던 시간이 힘겨울 땐

상처에 새살이 돋아나듯
내 안에 치유 잠재력이 있다는 것을
믿어야 한다.

우리 안의 하나님께서
우리를 치유해 주신다.

◇◇◇

그의 성령을 우리에게 주시므로

우리가 그 안에 거하고 그가 우리 안에 거하시는 줄을 아느니라

—

요한일서 4:13

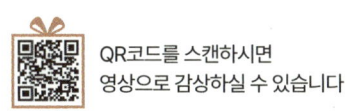
QR코드를 스캔하시면
영상으로 감상하실 수 있습니다

그때 내가 있었다면

방주를 짓고 있는 노아를
손가락질하던
사람들이 있었다.

소돔과 고모라에서
떠나자던 롯의 가족들을
한심한 듯 바라보는
사람들도 있었다.

예수님을 핍박하고
십자가에 매달던 군중 속에
그 긍휼하신 눈빛을
외면하던 사람들 또한 있었다.

그때 내가 있었다면…….

그 자리에 내가 없었다는 것이
가슴을 쓸어내릴 정도로
감사하다.

그들이 하나님을 시인하나

행위로는 부인하니 가증한 자요 복종하지 아니하는 자요

모든 선한 일을 버리는 자니라

—

디도서 1:16

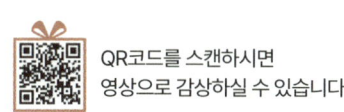

QR코드를 스캔하시면
영상으로 감상하실 수 있습니다

육생사, 영생생

이순신 장군의 말씀 중
유명한 말이 있다.

생즉사, 사즉생(生卽死, 死卽生)

'살고자 하면 죽을 것이요,
죽기를 각오하면 살 것이다.'라는 뜻이다.

성경에는 이런 말씀이 있다.

육생사, 영생생

'육신의 생각은 사망이요, 영의 생각은 생명이라.'

육신을 따르는 자는 육신의 일을, 영을 따르는 자는 영의 일을 생각하나니

육신의 생각은 사망이요 영의 생각은 생명과 평안이니라

—

로마서 8:5-6

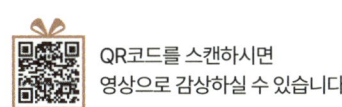

QR코드를 스캔하시면
영상으로 감상하실 수 있습니다

내가 있는 곳

세상에서의 성공을 향해
달려가던 시간이 있었다.

그때 주님은
내가 향하던 시선과
내 발걸음을 되돌리셨다.

나의 시선과
발걸음이 향한 곳은
돌고 돌아 찾아온 겟세마네
주님의 동산이다.

피땀 흘린 그 마지막 기도가
나를 위한 기도라는 것을 알게 되었다.

예수께서 힘쓰고 애써 더욱 간절히 기도하시니

땀이 땅에 떨어지는 핏방울 같이 되더라

—

누가복음 22:44

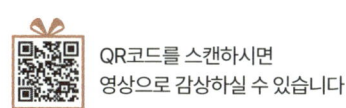

QR코드를 스캔하시면
영상으로 감상하실 수 있습니다

점, 선, 면

- 하나의 점이 다른 점들과 만나
- 선을 이루고
- 선과 선들이 만나서 면을 이룬다.

그 면과 또 다른 면들이 만나면
하나의 공간이 된다.

믿는 자 한 사람이
하나의 점이라면
서로 만나 믿음의 가정을 이루고
교회 공동체를 이룬다.

면과 면이 만나 공간을 이루듯
교회와 교회들이 복음을 전하면
이 세상은 하나님 나라가 된다.

그러므로 너희는 가서 모든 민족을 제자로 삼아

아버지와 아들과 성령의 이름으로 세례를 베풀고

내가 너희에게 분부한 모든 것을 가르쳐 지키게 하라

볼지어다 내가 세상 끝날까지 너희와 항상 함께 있으리라 하시니라

―

마태복음 28:19-20

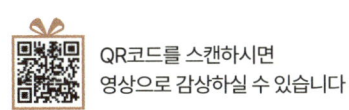

QR코드를 스캔하시면
영상으로 감상하실 수 있습니다

선교사와 선교지

'그리스도가 계신 가슴마다 선교사다.
그리스도가 없는 가슴마다 선교지다.'
(어느 선교사 간증 중에서)

그럼,
내 안에 그리스도가 계시니 나는 선교사다.

그리스도가 없는 가슴
그 선교지를 향해 선교하러 가야한다.

◇◇◇

누구든지 그리스도와 합하기 위하여 세례를 받은 자는

그리스도로 옷 입었느니라

—

갈라디아서 3:27

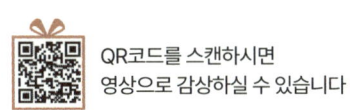
QR코드를 스캔하시면
영상으로 감상하실 수 있습니다

MK

부모님이 사다 주신 옷을 입었는데
이런 네임텍이 붙어 있다면?

'Missionary Kid' (MADE IN GOD)
디자인은 전통스럽고
격식을 갖춘 명품이다.

……

많은 선교사들이 선교지에서
가족들과 함께 살아간다.

선교사 자녀들은
MK라는 옷을 입고
선교사의 삶을 함께 살게 된다.

힘겹고 많은 고생을 감당하겠지만
하나님 나라를 세워가는
영광스러운 그 일에 참여한다.

네 모든 자녀는 여호와의 교훈을 받을 것이니

네 자녀에게는 큰 평안이 있을 것이며

―

이사야 54:13

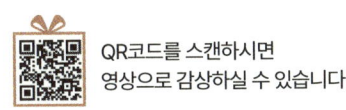

QR코드를 스캔하시면
영상으로 감상하실 수 있습니다

주섬, 주섬

주님은 섬김을 받으러 오신 것이 아니라
주님은 섬기러 오신 것이다.

이 땅에
가장 낮은 자의 모습으로 오셔서

죄인과 병든 자,
소외된 자들과 함께 하셨으며
그들을 섬기셨고
죄인 된 우리를 위해 십자가를 지심으로
모든 죄를 대속하셨다.

◇◇◇

인자가 온 것은 섬김을 받으려 함이 아니라 도리어 섬기려 하고

자기 목숨을 많은 사람의 대속물로 주려 함이니라

—

마가복음 10:45

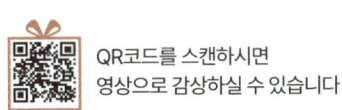

QR코드를 스캔하시면
영상으로 감상하실 수 있습니다

주 6일 = 주일 × 6

주를 믿는 성도들은 주일이 되면
하나님께 영광을 올려드리는 예배를 드리고
봉사와 섬김과 교제를 통해 은혜로운 하루를 보낸다.

그렇다면
나머지 주 6일은 어떻게 살아야 할까?

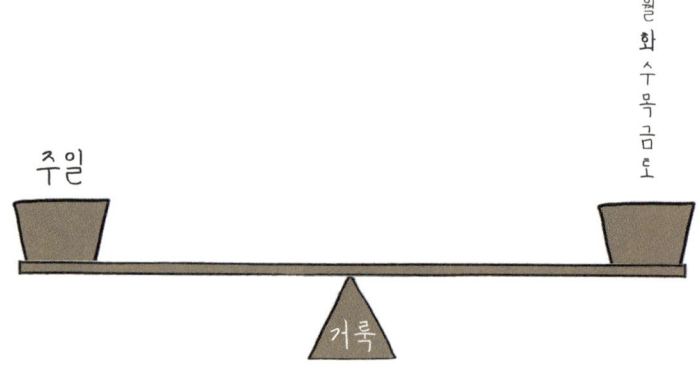

주일 + 주일 + 주일 + 주일 + 주일 + 주일 = 주 6일

주일 같은 삶을 6번 더 은혜롭게 살아가는 것
그것이 주 6일의 삶이어야 한다.

오직 너희를 부르신 거룩한 이처럼

너희도 모든 행실에 거룩한 자가 되라

—

베드로전서 1:15

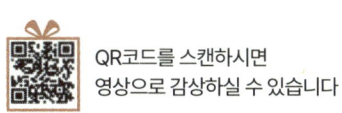

QR코드를 스캔하시면
영상으로 감상하실 수 있습니다

감당할 수 있는 시험

삶의 무게가 힘겹고
고통스러워도
우리가 당하는 고난의 무게는
감당할 수 있을 만큼이라고
말씀하신다.

저울에 올려
단 1g의 무게도
더하지 않으시도록
우리를 살피시고
함께하신다.

◇◇◇

사람이 감당할 시험밖에는 너희가 당한 것이 없나니

오직 하나님은 미쁘사 너희가 감당하지 못할 시험 당함을 허락하지 아니하시고

시험 당할 즈음에 또한 피할 길을 내사 너희로 능히 감당하게 하시느니라

—

고린도전서 10:13

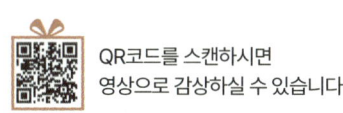

QR코드를 스캔하시면
영상으로 감상하실 수 있습니다

희망 낙서와 고난 지우개

펜 하나를 발견했다.
희망을 낙서하면 행복해지는 펜이다.
설레는 마음으로
무엇을 쓸까 밤새워 본다.

지우개 하나를 발견했다.
고난을 지워주는 지우개다.
힘들고 고통스러운 일들을
깨끗이 지울 수 있다.

펜과 지우개에는 'JESUS'라고
새겨져 있었다.

주님은 나의 희망이자 생명이시기에
나의 모든 고난을 지워 주신다.

난 오늘도 고난을 지우고
희망을 낙서한다.

아무것도 염려하지 말고 다만 모든 일에 기도와 간구로,

너희 구할 것을 감사함으로 하나님께 아뢰라

―

빌립보서 4:6

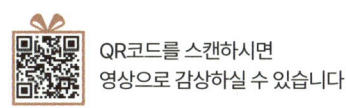

QR코드를 스캔하시면
영상으로 감상하실 수 있습니다

영적 거울

영을 비추는 거울이 있다면…….

지워도 드러나는 나의 교만과
감춰도 선명해지는 내 죄들이
어김없이 그대로 드러날 것이다.

세상을 향한 강한 욕망이
선한 인내를 몰아내고
더러운 탐심들이
마음 속 공간을 넓혀간다.

내 안의 죄들이
나의 장점과 연결되어 있더라도
과감히 잘라내야 한다.

내 자아에 대한 미련은
죄에 대한 관용이다.

악은 어떤 모양이라도 버리라

—

데살로니가전서 5:22

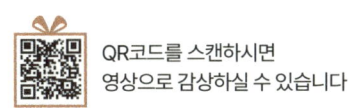

QR코드를 스캔하시면
영상으로 감상하실 수 있습니다

미션 임파서블

항상 기뻐하라.
쉬지 말고 기도하라.
범사에 감사하라.
원수를 사랑하라.

기뻐하라……항상?
기도하라……쉬지 말고?
감사하라……모든 일에?

원수를…… 사랑……?

Mission: Impossible?
Mission: I'm possible!

항상 기뻐하라 쉬지 말고 기도하라 범사에 감사하라

이것이 그리스도 예수 안에서 너희를 향하신 하나님의 뜻이니라

—

데살로니가전서 5:16-18

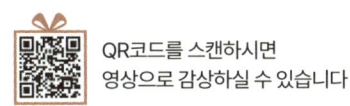

QR코드를 스캔하시면
영상으로 감상하실 수 있습니다

품

아무도 알 수 없다.

깊은 우울
드러나지 않는 분노
느낄 수 없는 상처
보이지 않는 슬픔

하지만

말하지 않아도
소리 내지 않아도
눈물 흘리지 않아도
그분은 나의 감정들을 감지하신다.

우리는
품에 안긴 아기처럼
온몸이 그분께 닿아 있다.

나의 주님,
나의 아버지

◇◇◇

하나님이 우리를 사랑하시는 사랑을 우리가 알고 믿었노니 하나님은 사랑이시라

사랑 안에 거하는 자는 하나님 안에 거하고 하나님도 그의 안에 거하시느니라

—

요한일서 4:16

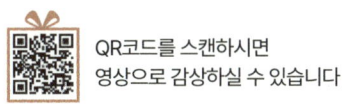

QR코드를 스캔하시면
영상으로 감상하실 수 있습니다

공감

내가 아플 때
나보다 더 아픈 사람을 보며
위안을 얻을 때가 있다.

때로는 나보다 아픔이 작은 사람을
위로할 수 있는 마음이 생기기도 한다.

이해와 공감이다.

공감은
나처럼 고난을 겪는 사람들을
바라보려는 마음에서 나온다.

나의 고난을 뒤로하고
다른 사람들의 아픔을 함께 나눌 수 있을 때
나는 그의 이웃이 되고 그는 나의 이웃이 된다.

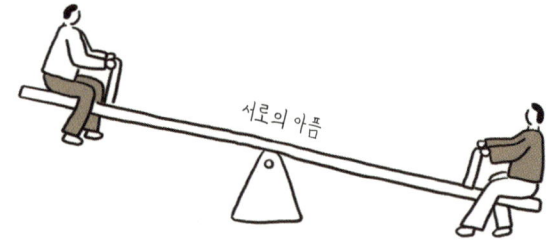

서로의 아픔

우리 각 사람이 이웃을 기쁘게 하되

선을 이루고 덕을 세우도록 할지니라

—

로마서 15:2

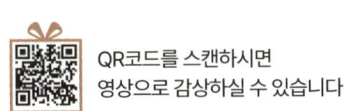

QR코드를 스캔하시면
영상으로 감상하실 수 있습니다

호흡

기도(氣道)는
육신의 호흡이고 생명의 통로이다.
숨길이 막히면 생명이 위태롭다.

기도(祈禱)는
영적인 호흡이고 생명의 통로이다.
매일 기도하지 않으면
그 또한 생명이 위태롭다.

육신의 호흡은 생명과 맞닿아 있고
영적인 호흡은 영생과 맞닿아 있다.

스스로 호흡이 어려울 때
산소 호흡기를 사용해야 하듯

우리는 생명 되신
주님의 이름으로 호흡해야 한다.

호흡이 있는 자마다 여호와를 찬양할지어다 할렐루야

—

시편 150:6

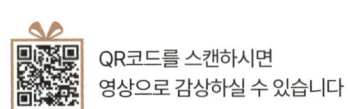

QR코드를 스캔하시면
영상으로 감상하실 수 있습니다

눈물의 유통기한

하나님의 은혜에
감사의 눈물이 흐른다.

일상의 분주함으로
그 온기가 식으면,
감사의 눈물은
유통기한이 지나고
탁한 낙심의 눈물로 변한다.

감사가 채워지고
내 마음이 회복되면,
눈물은
다시 맑아지고 생명을 얻는다.

눈물을 흘리며 씨를 뿌리는 자는 기쁨으로 거두리로다

―

시편 126:5

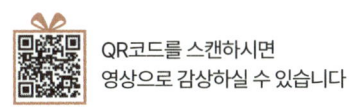

QR코드를 스캔하시면
영상으로 감상하실 수 있습니다

하얀 비둘기의 몸짓

예배 중 찬양이 흐른다.
맨 앞자리 백발의 할머니께서
일어서서 '수어'로 찬양을 하신다.

그 손놀림이 부드럽고 아름다워
날아오르는 하얀 비둘기 같았다.

하얗게 광채를 내는 은혜로운 몸 찬양
날갯짓은 찬양이 되고
웅장한 소리가 되어 허공을 가른다.

은혜로운 몸짓
그의 고백은
가슴 저리도록 아름다운
가사가 되고 울림이 된다.

그 찬양은 내 눈물이 되었다.

♪걸어갈 때 길이 되고
살아갈 때 삶이 되는
그곳에서 나는 예배하리
부르신 곳에서 나는 예배하리
어떤 상황에도 나는 예배하리♪~

춤추며 그의 이름을 찬양하며

소고와 수금으로 그를 찬양할지어다

—

시편 149:3

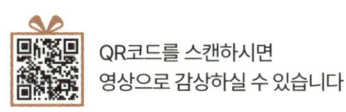

QR코드를 스캔하시면
영상으로 감상하실 수 있습니다

나의 삶

주님을 알지 못하고 산 세월이 13년

주님을 알고 기쁨으로 산 세월이 3년

주님을 알지만 잊고 산 세월이 3년

주님을 알고도 모른 척 살았던 세월이 14년

주님을 알고자 회개하며 산 세월이 2년

주님을 알려고 열심히 기도했던 세월이 2년

주님을 알수록 감사함으로 산 세월이 6년

주님을 알기에 섬김의 삶으로 살아가는 10여 년

주님을 알아도
그 은혜 다 갚을 수 없는 삶이 나의 남은 삶이다.

당신은 주님 안에서 어떻게 살아오셨나요?

◇◇◇

나는 포도나무요 너희는 가지라

그가 내 안에, 내가 그 안에 거하면

사람이 열매를 많이 맺나니

나를 떠나서는 너희가 아무것도 할 수 없음이라

—

요한복음 15:5

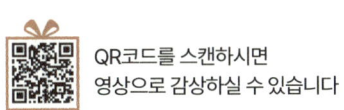

QR코드를 스캔하시면
영상으로 감상하실 수 있습니다

모태 신앙 VS 못해 신앙

'모태 신앙'을
비유적으로 '못해 신앙'이라고
말하곤 한다.

'모태 신앙'은
어머니의 태(胎)에서부터
신앙을 가지고
성령님과 함께함을 말한다.

'못해 신앙'은
모태 신앙이었지만
신앙적으로 무뎌지고
성령님으로부터 멀어지거나
구원의 확신이 없는 것이다.

예수님은 십자가 위에서
'못' 박히신 '해(害)'를 당하심으로
우리에게 구원의 생명을 주셨다.

도마에게 이르시되 네 손가락을 이리 내밀어 내 손을 보고

네 손을 내밀어 내 옆구리에 넣어 보라

그리하여 믿음 없는 자가 되지 말고 믿는 자가 되라

―

요한복음 20:27

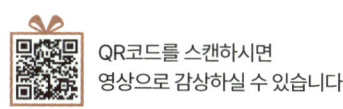

QR코드를 스캔하시면
영상으로 감상하실 수 있습니다

보이는 신호, 들리는 신호

노란색 정지선 앞
초록불이 켜지면
신호를 보며
내딛는 발걸음

울퉁불퉁 점자 블록 위
'띠리리링' 소리가 들리면
지팡이를 앞세우며 걷는 발걸음

횡단보도는
보이는 신호에도 건널 수 있고
들리는 신호에도 건널 수 있다.

그러나 믿음은
보이지 않아도, 들리지 않아도

주님의 인도하심으로
이 세상을 건너가는 발걸음이다.

낮에는 구름 기둥으로 인도하시고

밤에는 불 기둥으로 그들이 행할 길을 그들에게 비추셨사오며

―

느헤미야 9:12

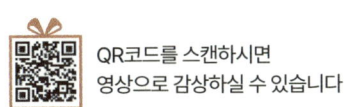

QR코드를 스캔하시면
영상으로 감상하실 수 있습니다

최대공약수, 최소공배수

지구라는 화분에
나를 담고, 온 인류를 담아서
정성껏 가꾸시는 그분

사랑의 하나님,
공의의 하나님

사랑도 주시고 벌도 주신다.

하지만
하나님이 우리에게 주시는
사랑은 - 최대 사랑 공약수
공의는 - 최소 공의 공배수

이것이 하나님의 계산법

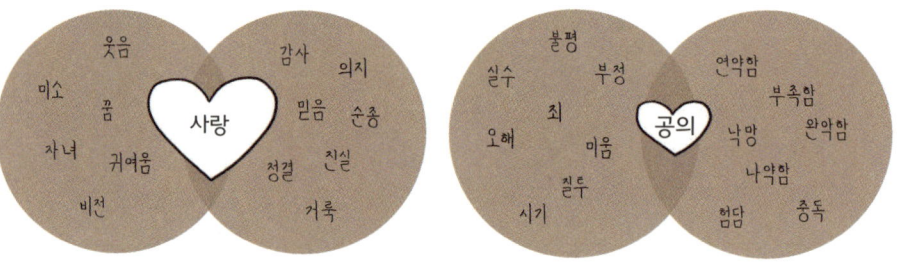

그러나 주여 주는 긍휼히 여기시며 은혜를 베푸시며

노하기를 더디하시며 인자와 진실이 풍성하신 하나님이시오니

—

시편 86:15

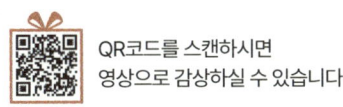

QR코드를 스캔하시면
영상으로 감상하실 수 있습니다

80억 개 심장

하나님의 심장은 몇 개일까?

여기저기
간절한 기도 소리가 들린다.
나의 하나님, 나의 아버지…….

80억이 넘는 사람들을
1대 1로 찾아가시고,
1대 1로 만나 주시고,
1대 1로 바라보시며
각 영혼을 온전히 사랑하신다.

80억 개의 심장을 가진
그분의 사랑은 가늠할 수 없다.

모두의 하나님,
모두의 아버지이시다.

찬송하리로다 그는 우리 주 예수 그리스도의 하나님이시요

자비의 아버지시요 모든 위로의 하나님이시며

—

고린도후서 1:3

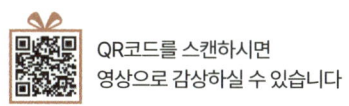

QR코드를 스캔하시면
영상으로 감상하실 수 있습니다

신앙과 자전거

신앙은 자전거 페달을
밟는 것과 같다.

아주 느린 속도라도 멈추지 않고
페달을 돌려야 넘어지지 않는다.

때로는 천천히
때로는 힘차게
내게 맞는 적절한 속도를 유지하며

믿음이라는 길 위의
안내선을 따라
안전하게 달려간다.

방향을 전환하여
장애물도 피하고
상쾌한 바람도 느끼며
꾸준히 달려가야 한다.

너희로 지극히 선한 것을 분별하며 또 진실하여

허물 없이 그리스도의 날까지 이르고

―

빌립보서 1:10

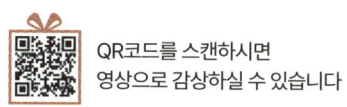

QR코드를 스캔하시면
영상으로 감상하실 수 있습니다

나의 영적 속도

나의 속도가
주님의 속도보다 느리다면
나의 영적 게으름 때문이다.

나의 속도가
주님의 속도보다 빠르다면
내 생각이 주님을 앞서는 조급함 때문이다.

나의 속도에
평안함을 느낀다면
주님과 손잡고 걷고 있기 때문이다.

때론 천천히 때론 빠르게
영적 민감함으로
나는 주님의 속도에 순종한다.

너는 그의 지경으로 그를 데려갈 수 있느냐

그의 집으로 가는 길을 알고 있느냐

—

욥기 38:20

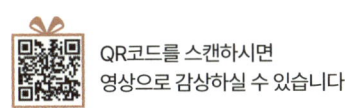

QR코드를 스캔하시면
영상으로 감상하실 수 있습니다

가라 세상으로

'그걸 알았으면 가라, 세상 속으로 가라
세상 속으로 가서 세상에 물들지 말고
세상에 휩쓸리지 말고
차라리 세상 그것이 되라'
〈나태주 시 '스무살 당신' 중에서〉

어느 시인의 시를 읽으며
크리스천의 본분을 깨닫게 되었다.

'세상 그것이 되라'는 것이다.

세상 즐거움에 젖어서
살라는 의미가 아니다.

보냄을 받은 자로서
땅끝까지 복음을 전하고
그 기쁜 소식과 주님의 향기로
세상을 물들이며
우리가 곧 그 세상이 되라는 것이다.

◇◇◇

예수께서 또 이르시되 너희에게 평강이 있을지어다

아버지께서 나를 보내신 것 같이 나도 너희를 보내노라

—

요한복음 20:21

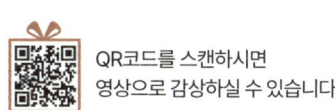

QR코드를 스캔하시면
영상으로 감상하실 수 있습니다

세상을 그리다

세상의 혼탁함에

오늘도 눈을 감고,
귀를 막고, 입을 닫는다.

하루 종일
찬양이 귀에 흐르고
마음의 정원을 그려 나간다.

기도와 묵상이
가슴에 차고 넘치면
어느새
맑은 영으로 서서히 정화된다.

세상의 모습으로 물들지 않고
세상의 빛깔을 바꿔 나가는
영적 화가가 되기를 기도한다.

만일 너희 속에 하나님의 영이 거하시면

너희가 육신에 있지 아니하고 영에 있나니

누구든지 그리스도의 영이 없으면 그리스도의 사람이 아니라

—

로마서 8:9

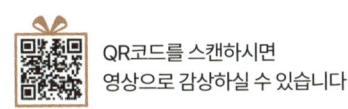

QR코드를 스캔하시면
영상으로 감상하실 수 있습니다

부록편

슬기로운 교회생활

날마다 마음을 같이하여 성전에 모이기를 힘쓰고
집에서 떡을 떼며 기쁨과 순전한 마음으로
음식을 먹고 하나님을 찬미하며
또 온 백성에게 칭송을 받으니
주께서 구원 받는 사람을 날마다 더하게 하시니라
-
사도행전 2:46-47

`Episode-1`

 성경 구절 찾기

예배 중에는 성경을 펼쳐 본문 말씀을 찾아야 하지요.

"오늘 본문은 오바댜 1장 20절에서 21절입니다."

'응? 오바댜? 어디 있지?'

성경 구절을 빨리 찾는 사람은 뿌듯할 수도 있지만
초신자에게는 어리둥절하고 난감한 순간이지요.

보물찾기만큼이나 어려운 성경 구절 찾기.
먼저 찾은 분들은 아직 찾지 못한 사람과 함께
성경을 보는 건 어떨까요?

---

* Tip

성경의 순서를 외우고 있으면 좋겠지만, 그렇지 않다면 예배 시작 전에 성경 구절을 미리 찾아 놓고 기도로 준비해 보세요.

Episode-2

 ## 교회 처음이세요?

교회에 처음 등록하면 대부분 새신자 교육을 받아요.

"어머, 성도님, 어서 오세요. 교회는 처음이세요?"
열정적인 환영 인사에 위축되거나 당황하기도 하지요.

새로 나온 분들은 함께 모여
자기소개를 하기도 해요.

처음엔 어색할지 모르지만, 점점 시간이 흐르면
따뜻하고 포근한 사랑을 느끼게 되지요.

바로 예수님의 사랑이랍니다.

---

* Tip

새신자부에서 섬겨 주시는 집사님들의 안내에 따라 잘 적응하면 즐거운 교회 생활을 시작할 수 있어요.

Episode-3

 찬양할 때 손드는 높이

찬양 시간에 용기를 내어 손을 들었는데,
중간에 팔이 아파지면 내릴까, 말까?

팔의 각도는,
1단계 머리 위로 높이 들었다가……180도
2단계 얼굴 높이로 살짝 내려오고……135도
3단계 어깨 높이로……90도

그러다가,
팔꿈치를 옆구리에 지탱하는……45도

결국,
팔을 살포시 내리게 된다……0도

---

* Tip

다른 사람을 의식해서 손을 들 필요는 전혀 없답니다. 하나님께 영광을 돌리고자, 또 경배하는 의미로 손을 들고 찬양하는 모습은 정말 은혜롭지만, 아픈 팔을 참아가며 억지로 들고 있을 필요는 전혀 없지요. 하나님을 진심으로 찬양하고자 하는 그 마음이 더 중요해요.

Episode-4

 **쉼 없는 울림**

단톡방 폭발!
초대받았던 단톡방들에서 쉼 없이 알림이 울리면
귀찮기도 하고, 뭐라고 대답을 해야 할지도 잘 모르겠고…….

하지만 한편으로는
은혜로운 성경 구절을 보내 주거나, 안부를 묻거나,
교회 소식을 전해 주는 고마운 마음들을 느낄 수 있지요.
하나님 안에서의 교제가 얼마나 필요한지,
교회 공동체를 이루는 것이 얼마나 기쁨이 되는지 알 수 있답니다.

믿음 안에서 함께 기도하며 서로 응원하는 것이
얼마나 행복하고 소중한 경험인지 느낄 수 있어요.

"카톡, 카톡, 카톡……"

오늘도
하나님 안에서 교제가 시작됩니다.

---

* Tip

　교회에서 만나는 사람들의 소식이 궁금하고 늘 염려된다면 당신은 '기도하는 사람'입니다.
　주일이 기다려지고, 교회에서 만나는 사람들로 인해 행복하다면 당신은 '기도 받는 사람'입니다.

Episode-5

 간증의 은혜

종종 간증을 듣게 되는 경우가 있어요.
꼭 유명한 사람이 아니더라도
떨리는 목소리로 읽어 내려가는
일반 성도의 간증문이 더 인상 깊기도 하지요.

예상치 못하게 재미있는 경험담을 듣기도 하고
때론 눈물이 날 정도로 감동을 받기도 해요.

가슴 아픈 사연에 마음이 미어지기도 하고
그 삶에 하나님께서 함께하고 계심이 느껴져
큰 은혜가 되는 경우가 많답니다.

자신의 삶을 고백하는 간증은 쉬운 일이 아니지만
같은 아픔을 겪고 있거나 어려움이 있는 성도들이 들으면
위로가 되고, 또 도전이 되기도 해요.
그래서 살아계신 하나님을 체험하게 된답니다.

---

* Tip

모든 간증자들에게는 공통점이 있어요.
"하나님께서 하셨습니다. 오직 하나님께 영광을 돌립니다."라는 고백으로 하나님이 내 삶의 주인이심
을 인정한다는 것이지요. 모든 믿는 자들의 삶 속에서 일하시며 도우시는, 살아계신 하나님이시랍니다.

Episode-6

선데이 크리스천

주일 예배만 드리는 성도를
'선데이 크리스천'이라고 해요.

'선데이 크리스천'이 아니라
'투데이 크리스천'으로
살아가야 하는 건 아닐까요?

매일매일
하나님의 말씀 안에서
살아가기 위해 노력하는
참 그리스도인 말이에요.

---

* Tip

한 신문 기사에 따르면, 교회 출석 교인 10명 중 4명은 "성경과 기도를 잘 몰라요."라고 말하는 '명목상 교인'이라고 해요. 매주 예배에 참석하는 비율은 49.1%, 구원에 대해 확신하는 비율도 51% 정도에 불과하다고 하지요.

Episode-7

 천국에 가려면?

천국에 가려면 어떻게 해야 할까요?

누가복음 18장 17절에는 이런 말씀이 있답니다.

내가 진실로 너희에게 이르노니
누구든지 하나님의 나라를
어린아이와 같이 받아들이지 않는 자는
결단코 거기 들어가지 못하리라 하시니라

어린아이와 같은 순수한 마음으로
예수님께서 나의 죄를 위해
십자가에서 돌아가셨다는 것을
믿으면 천국에 갈 수 있어요.

---

* Tip

예수님께서는 율법을 지키고 금식 기도와 많은 헌금을 내세우는 바리새인보다 "나는 죄인입니다."라고 말하는 세리가 더 의롭다고 하셨어요. 성도에게 필요한 것은, 겉으로 나타나는 행위가 아니라 하나님을 향한 진실한 마음이 아닐까요?

Episode-8

 뜨거운 신앙

교회에는 본받을 만한
신앙의 선배님들이 많이 계시지요.

그분들과 모임을 갖거나 함께 대화를 하면
나의 신앙도 뜨거워지는 것을 느낀답니다.

하지만 교회를 벗어나 다시 세상으로 나갈 때
뜨거워진 신앙이 그대로일지,
미지근하게 변해 버릴지,
아니면 차갑게 식어 버릴지
걱정스럽기도 하답니다.

교회 안팎에서의 신앙의 모습이
동일할 수 있도록 노력한다면
하나님께서 기뻐하시지 않을까요?

---

* Tip

신앙의 열심을 교회 밖에서도 유지하는 것은 정말 힘든 일이지요. 나의 열심만으로는 할 수 없는 일이기에 당연히 하나님께 도움을 요청해야 합니다. 기도로 하나님께 의지해 보는 것은 어떨까요?

Episode-9

 영적 분별력

각종 SNS나 인터넷 매체 등을 통해 쏟아지는 정보의 홍수 속에서
많은 기독교 관련 내용들을 접할 때가 있지요.

자극적인 내용으로 관심을 끌기 원하거나
성경 해석에 대한 다른 관점을 이야기하는 등
불필요하거나 위험한 내용들이
우리의 신앙생활을 방해할 수도 있답니다.

많은 정보들 중에서
정확한 내용을 구별해 내는 것이 중요합니다.
의심스럽거나 궁금한 내용이 있다면
소속 교회의 목사님과 이야기해 보세요.

하나님의 도우심으로 옳고 그른 것을 가려낼 수 있는 것을
바로 영적 분별력이라고 합니다.

영적 분별력은 기도와 말씀 묵상을 통해 키워 나갈 수 있습니다.

---

* Tip

자신의 신앙적 입장과 달라 의심스러운 마음이 생긴다면, 경계심을 갖고 성경적으로 옳은지 소속 교회의 목사님을 통해 확인해야 합니다.

Episode-10

 아멘!

목사님 설교 중 누군가 "아멘!"이라고 외치는 소리가 들리면
'이상하네, 아멘은 기도 마칠 때 하는 말 아닌가?'라고
생각할 수도 있어요.

'아멘'의 의미는 그 내용에 동의하거나
그렇게 이루어지길 바란다는 뜻이라서
예배 중 설교 시간에도 외칠 수 있답니다.

설교 말씀을 듣는 중
감동이 느껴지는 순간이 있다면
마음속으로도, 실제로 소리를 내서도
"아멘!"이라고 외칠 수 있어요.

---

* Tip

다른 사람들이 "아멘"을 외친다고 해서 따라할 필요는 전혀 없어요. 찬양할 때 손을 드는 것과 비슷하지요. 하나님을 향한 진실한 마음에서 나오는 아멘이라야 의미 있는 외침이 될 수 있답니다.

Episode-11

 헌금은 얼마?

교회에서 처음 예배를 드릴 때
헌금 시간이 고민스럽게 느껴질 수도 있어요.

내야 할까…….
말아야 할까…….
또 얼마를 내야 하지……?

그렇게 고민하는 사이에
헌금 주머니가 내 앞으로 다가오면,

어찌할 줄 몰라 허둥대다가
그저 옆 사람에게 넘겨주게 되지요.

---

* Tip

헌금은 하나님의 은혜에 감사하는 마음으로 드리는 예물이에요. 구약 시대의 제사에서는 소나 양으로 제물을 바쳤지만 지금 우리 시대에는 헌금으로 그것을 대신하는 것이지요. 가장 중요한 것은 금액의 많고 적음이 아니라 진심으로 하나님께 감사하는 마음이랍니다. 교회에 따라서 예배 중 헌금 주머니가 아닌, 헌금함이나 온라인 헌금 등의 방식을 사용하기도 해요. 감사의 마음을 표현하는 것인 만큼 예배 전에 미리 준비하는 것이 좋겠지요.

"하나님의 사랑은 당신을 기다리고 있습니다.
그 따뜻한 부름에 응답하시겠습니까?"